AF237756

Mark Maduwuihe

Tipps und Tricks rund um Kfz-Versicherungen

Antworten auf die 70 wichtigsten Fragen

1.Auflage November 2020
Copyright: Mark Maduwuihe

Autor/Texte: Mark Maduwuihe
Illustrationen: M. Maduwuihe und Markus Werner
Lektoriat: Hans-Joachim Brehm
Herstellung und Verlag: BoD- Books on Demand, Norderstedt
ISBN: 978-3-7526-0499-3
Printed in Germany

Inhalt:

Vorwort

Im Zusammenhang mit der Kfz-Versicherung gibt es eine Vielzahl von Rechtsfragen aus ganz unterschiedlichen Bereichen.

Allgemein wissen die meisten Versicherungsnehmer gar nicht, wie es um ihre Rechte und Pflichten bestellt ist und welche Gefahren auch daraus resultieren können.

Bei einer Kfz-Versicherung gibt es eine Vielzahl von rechtlichen Belangen. Auch aus den Allgemeinen Bedingungen für die Kraftfahrtversicherung (AKB) ergeben sich ganz neue Konstellationen, die es zu berücksichtigen gilt und die ganz unterschiedliche Bereiche der Versicherungen abdecken.

Wer ist alles beim Verkehrsunfall versichert bzw. erhält Schmerzensgeld, wenn er sich beim Autounfall verletzt? Wann macht eine Insassenunfallversicherung Sinn? Wie gewährleiste ich den individuellen und optimalen Versicherungsschutz? Wie schütze ich mich vor unberechtigten Ansprüchen Dritter? Was bedeutet es für mich als Kunden, wenn mein Name in der HIS Datenbank auftaucht?

Dieses Buch gibt Antworten auf 70 typische Fragen zum Versicherungsvertragsgesetz (VVG) und dem Versicherungsaufsichtsgesetz (VAG). Ich habe mich bemüht, es für jeden verständlich zu verfassen, denn Versicherungen sind für viele Versicherten sehr schwer verständlich und zu abstrakt. Damit auch der Versicherte genau weiß, worauf es ankommt, sind auch soweit wie möglich die gesetzlichen Bestimmungen benannt.

Mir ist es wichtig, klare und nachvollziehbare Antworten auf die wichtigsten Fragen der Versicherten zu formulieren. Häufig sind Beispiele eingefügt, um die Antworten zu veranschaulichen. Das Buch ist somit ein guter Ratgeber, aber eignet sich auch als Nachschlagewerk.

Dieses Buch gehört zu jedem Versicherten, damit er im Streitfall mit der Versicherung einen Schritt voraus ist.

Der Unterschied zwischen dem Versicherten und dem Versicherungsunternehmen ist, dass das Versicherungsunternehmen in der stärkeren Position ist und es dem Unternehmen leichter fällt seinen Willen durchzusetzen. Der Versicherte gibt viel zu häufig nach und verzichtet aus Unwissenheit auf sein Recht. Es ist wichtig festzuhalten, dass nicht der Stärkere Recht behält, sei es der Versicherte oder das Versicherungsunternehmen, sondern derjenige, für den die Gesetzeslage spricht.

Dieses Buch zeigt dem Versicherten seine Rechte, aber auch Pflichten gegenüber dem Versicherungsunternehmen auf.

Mein Dank gilt all denen, die durch kritische und konstruktive Anregungen zum vorliegenden Band beigetragen haben. Ganz besonders möchte ich mich bei der DA Direkt bzw. dem Vorstand Herr Norbert Wulff bedanken.

Kapitel I

KFZ-Anmeldung und Versicherungsbestätigung

1. Wie melde ich mein Auto an?

Herr Schulze hat sich ein neues Auto gekauft. Aus der Vergangenheit kennt er noch die Doppelkarte. In seinen Unterlagen hat er keine gefunden und fragt nun, wie er sein Auto angemeldet bekommt.

Man muss sich an eine Versicherung wenden und erhält eine EVB (Elektronische-Versicherungsbestätigungsnummer), zumeist auch als Werbepost.

2. Was heißt EVB?

Herr Winkel ruft seinen Vermittler an und fragt nach einer Doppelkarte. Er erfährt, dass das jetzt EVB-Nummer oder so ähnlich heißt.

Die EVB-Nummer hat die Doppelkarte abgelöst, EVB heißt Elektronische Versicherungsbestätigungsnummer.

3. Was habe ich bei der EVB-Nummer zu beachten?

Herr Meyer hat in seiner Post eine EVB als Werbesendung erhalten. Der Kunde denkt sich, wie wunderbar, ich habe mir gerade ein Auto gekauft und jetzt kann ich mich ja damit versichern. Er macht sich keine weiteren Gedanken. Nun kommt es zum Schaden und er ruft seine Versicherung an.

Man sollte immer nach dem Deckungsumfang fragen, um sich vor finanziellen- bzw. Existenzverlusten bestmöglich abzusichern.

Das gilt für
- Haftpflicht
- Teilkasko
- Vollkasko

Beim Neukauf eines Autos sollte man sich immer Gedanken machen, wie man sein Auto richtig absichert.

4. Wo bekomme ich die EVB her?

Herr Schmidt hat bei seinem Autohaus gehört, dass man jetzt eine EVB-Nummer braucht.

Die meisten Autohäuser bieten einen Zulassungsservice an, wo sie mit Erlaubnis des Kunden sein Auto anmelden dürfen. Der Kunde hat so die Möglichkeit, eine Kfz-Versicherung bzw. solch eine EVB-Nummer zu bekommen.

5.   Welche Unterlagen braucht der Versicherer für den Versicherungsantrag?

Herr Merten wendet sich an seine Versicherung und hat nicht alle Daten.

Die Versicherung kann gerne ein Angebot mit den gegebenen Daten liefern. Jedoch kann der neue Versicherer ohne die Zulassungsbescheinigung Teil A, die Versicherungsscheinnummer der Vorversicherung und die Schadenfreiheitsklasse, genannt SFR, kein verbindliches Angebot unterbreiten.

6.   Was heißt EVB?

Herr Winkel ruft seinen Vermittler an und fragt nach einer Doppelkarte. Er erfährt, dass das jetzt EVB-Nummer oder so ähnlich heißt.

Die EVB-Nummer hat die Doppelkarte abgelöst, EVB heißt Elektronische Versicherungsbestätigungsnummer

7.   Wie lange ist die EVB gültig?

Herr Narin fragt sich, ob seine EVB noch nach dem Urlaub gültig ist. Wie lange ist denn die Versicherungsbestätigung gültig bzw. bei der Zulassungsstelle zu verwenden?

Die Gültigkeit beträgt in der Regel 3 Monate bzw. solange, wie in den AGB des Versicherers vermerkt ist.

8. Was ist mit Blanco EVB gemeint?

Herr Werner ruft die Versicherung an wegen einer Neuzulassung. Er hat in dem Zusammenhang noch eine Frage zu seiner Post, die er erhalten hat, in der schon eine EVB- Nummer mit dabei ist. Er möchte wissen, ob er sein Fahrzeug direkt so anmelden kann.

Grundsätzlich ist das möglich, wenn man nur eine Haftpflichtversicherung erwägt, es schließt aber TK/VK aus und alle andern Leistungsextras, z.B. freie Werkstattwahl.

9. Wie bin ich mit der EVB versichert?

Herr Sonneberg fragt sich, wie sein Versicherungsschutz ist, wenn er mit dem Fahrzeug von der Zulassungsstelle wegfährt.

Grundlage sind die gesetzliche Haftpflicht bzw. maßgeblich das hinterlegte Angebot und der Haftungsumfang von Krafthaftpflicht, Teilkasko und Vollkasko.

10. Kann ich als Halter die EVB nutzen?

Herr Klein will für seine Frau den Wagen anmelden, er ist zwar Besitzer, aber nicht Versicherungsnehmer.

Das ist möglich, Indem man sich als Halter eintragen lässt, denn Halter und Versicherungsnehmer können jeweils bei der Zulassungsstelle das Fahrzeug anmelden.

11. Was braucht der Zulassungsdienst vom Autohaus?

Herr Baumann wurde vom Autohaus angerufen und sie fragten ihn nach einer EVB-Nummer zur Anmeldung des Fahrzeugs.

Die EVB-Nummer erhalt man bei seiner Versicherung des Vertrauens. Man sollte den Deckungsumfang beachten.

12. Was für Unterlagen brauche ich für die Zulassungsstelle?

Herr Atkins ist sich nicht sicher, welche Papiere er mitnehmen muss.

Man benötigt lediglich Personalausweis und alle Fahrzeugpapiere, Fahrzeugschein und Fahrzeugbrief für die Zulassung.

13. Wann verweigert die Zulassungsstelle die Zulassung trotz gültiger EVB?

Frau Hinz sitzt auf der Zulassungsstelle und fragt sich, warum die Zulassung nicht funktioniert. Sie ist sich keiner Fehler bewusst.

Bei der Zulassung kann es immer wieder zu Problemen kommen aufgrund von Schreibfehlern im Namen bzw. der Adresse. Hierbei sollten die identischen Daten aus dem Personalausweis angegeben sein.

Ein weiterer Grund kann der Unterschied von PKW und LKW sein, da sie für beide verschiedene EVB-Nummern benötigen.

14. Warum sollte ich mir immer alternativ die Teilkasko einrechnen lassen?

Herr Hoffmann möchte seinen ersten Wagen so günstig wie möglich versichern.

Hierbei ist zu beachten, dass in 90 Prozent der Angebote eine reine Kfz-Haftpflichtversicherung teurer ist als mit Teilkasko Einbindung. Demnach sollte man sich immer ein Alternativangebot errechnen lassen.

15. Wie lange ist das Versicherungsangebot gültig?

Her Fischer möchte sich nicht spontan entscheiden und fragt sich, wie lange er auf das Angebot der Versicherung zurückgreifen kann.

Es liegt dem Angebot die AGB vor, im Regelfall sind es drei Monate.

16. Wann beginnt der Versicherungsschutz?

Frau Winter fragt sich, ob sie schon bei der Heimfahrt Versicherungsschutz genießt.

Der Versicherungsschutz beginnt zeitlich beim Verlassen der Zulassungsstelle und technisch bei Erhalt der EVB bzw. nach Zugang des Versicherungsscheins.

17. Wie lange habe ich Zeit, den Kfz-Versicherungsvertrag zu widerrufen?

Herr Drathen ist mit den Konditionen der Versicherung nicht mehr einverstanden und hat sich für eine andere Versicherung entschieden.

Der Versicherungsnehmer hat bis zu 14 Tage nach Erhalt des Versicherungsscheins Zeit, die Versicherung zu kündigen.

18. Wie kann ich den Versicherungsvertrag kündigen?

Herr Tahir fragt sich, ob es schon reicht, wenn er telefonisch die Kündigung mitteilt.

Die Kündigung sollte man immer per Post bzw. per Einschreiben zusenden. Aus Gründen der Dokumentation empfehle ich Ihnen per E-Mail, da erhält man eine Bestätigung über den Eingang, oder per Fax mit dem Sendebericht. Darüber hinaus sollten Sie eine Kündigungsbestätigung anfordern, um eventuellen Unklarheiten entgegenzutreten.

19. Wie lange ist die KFZ-Versicherungs-vertragsdauer?

Herr Rugowski fragt nach sechs Monaten, ob er schon bessere Konditionen erhalten könne und wie lange der Vertrag läuft.

In der Regel laufen die Verträge zwölf Monate oder bis zur Hauptfälligkeit am 01.01, aber auch mit Verkauf und abschließender Abmeldung erlischt der Vertrag.

20. Was versteht man unter Hauptfälligkeit bzw. unterjährige Hauptfälligkeit?

Herr Hammouri hat Mitte des Jahres ein Auto zugelassen und würde gerne jetzt im November so wie alle anderen kündigen. Der Mitarbeiter der Versicherung informiert ihn darüber, dass sein Vertrag eine einjährige Laufzeit besitzt.

Beim Vertragsabschluss sollte man immer das Ende der Versicherung im Auge haben. Es gibt zwei Möglichkeiten, den Vertrag abzuschließen: einmal mit einer Laufzeit von einem Jahr, z.B. von 08.08.2016 bis zum 08.08.2017, das betrifft die unterjährige Hauptfälligkeit, oder aber vom 08.08.2016 - 01.01.2017 zur Hauptfälligkeit.

21. Warum sollte ich den Vertrag zur Hauptfälligkeit abschließen?

Herr Alivi fragt sich, ob es einen großen Unterschied macht, den Vertrag zur Hauptfälligkeit oder unterjährig den Vertrag auslaufen zu lassen.

Von November bis Anfang Januar unterbieten sich die Versicherungen mit den Preisen und genau dann sollte man als Verbraucher die Möglichkeit nutzen, um seinen Vertrag zu den besten Konditionen zu verbessern.

22. Wer darf alles mit meinem Auto fahren?

Herr Lasek fragt sich, wie es sich mit Fahrern über 25 Jahren verhält. Er geht davon aus, dass alle über 25 Jahren automatisch mit dem Fahrzeug fahren dürfen.

Der eigene Vertrag und die AKB sollten immer genau geprüft werden. Im Regelfall sind der Versicherungsnehmer und alle anderen im Vertrag aufgeführten Personen berechtigt zu fahren.

23.   Welche Versicherungen sind neben der Kfz-Versicherung wichtig?

Herr Müller fragt sich, ob in Verbindung mit seiner Kfz-Versicherung noch andere Versicherungen von Interesse sind.

Hier ist die Unfallversicherung zu nennen, insbesondere wenn es um Betreuungskosten geht, die schnell in die Höhe gehen können und nicht von der Kaskoversicherung getragen werden. Außerdem ist eine Verkehrsrechtsschutzversicherung sinnvoll.

Kapitel II

Vertragsinhalte und Angebotserstellung

24.   Was bedeutet Werkstattbindung?

*Herr Schulze fragt sich, was er unter einer Werkstatt-
bindung zu verstehen hat und mit welchen Werkstät-
ten das Versicherungsunternehmen zusammenarbei-
tet.*

Hierbei sollte man immer auf Informationen der je-
weiligen Versicherungen auf ihrer Internetseite zurückgreifen und sicherstellen, ob der gewählte An-
spruch mit den Vorstellungen übereinstimmt.

25.   Was sind Partnerwerkstätten, sind diese zertifiziert?

*Herr Müller fragt, wie man Rückschlüsse auf die Qua-
lität der Arbeiten am Kfz bekommt.*

Es sollte hier auf ein Dekra- oder TÜV-Zertifikat ge-
achtet werden, die einen gewissen Qualitätsstan-
dard widerspiegeln.

26. Was bedeutet freie Werkstattwahl?

*Herr Müller fragt sich, ob eine freie Werkstattwahl
wichtig ist und was er dabei zu beachten hat.*

Als Leasingkunde ist die freie Werkstattwahl Pflicht, aber auch als Kunde, der das Fahrzeug Vollkasko versichert hat, ist es sinnvoll, im Schadensfall beim Vertragshändler die Reparatur durchzuführen zu lassen, weil es sich z.B. bei Unfallwagen stets positiv beim Wiederverkauf auswirkt. Im Schadensfall habt man die freie Werkstattwahl.

27. Was habe ich unter dem Leistungsmerkmal Marderbiss-Folgeschäden zu beachten?

Herr Müller erkundigt sich, welche Vorteile das Leistungsextra Marderbiss beinhaltet.

Durch Marderbisse treten Schäden an Schläuchen auf. Diese Schäden an Schläuchen sind über die Teilkasko abgedeckt, aber nicht, wenn weitere Komponenten des Fahrzeugs durch mangelnde Ölzufuhr beschädigt werden wie z.B. Lichtmaschine, Getriebe.

28. Was habe ich unter dem Leistungsmerkmal Rabattschutz in der KH und VK zu verstehen?

Herr Müller möchte wissen, wofür der Rabattschutz ist bzw. was den Rabattschutz ausmacht.

Der Rabattschutz sichert den SFR vor einer Abstufung beim selbstverschuldeten Unfall.

29. Ist es sinnvoll, die Vertragsinhalte genau zu überprüfen?

Nach Erhalt der Versicherungsunterlagen ist Herrn Schulze aufgefallen, dass sein Beschäftigungsstatus als Beamter nicht erfasst wurde.

Die Kontrolle aller Details ist wichtig, auch falsch eingetragene gefahrene Kilometer oder berechtigte Fahrer können Beitragsunterschiede ausmachen.

Es kann immer im Umfang oder in der Höhe zu Abweichungen kommen.

30. Kann ich für mein sieben Jahre altes Auto nur Haftpflicht nutzen und versichern oder lohnt es sich, die Teilkasko einzubinden?

Herr Müller denkt, für sein altes Auto ist Teilkasko unnötig

Nach den Unwettern in Düsseldorf, wo es zu orkanartigen Stürmen kam, haben viele Kunden angerufen und schilderten, dass ihr Auto von entwurzelten Bäumen des Nachbarn beschädigt wurden.

Durch den Klimawandel gibt es immer mehr solche Wetterkapriolen, man sollten immer die Teilkaskoversicherung mit anbieten lassen, gerade weil es nur einen Mehrbeitrag von 30-50 Euro im Jahr ausmacht.

31. Wie habe ich mein Leasingfahrzeug zu versichern?

Herr Meyer ruft seinen Vermittler an und informiert ihn über den Kauf eines Leasingfahrzeugs und möchte ein Angebot haben.

In solchen Fällen sollte man die Werkstattbindung ausschließen und den Leasingnehmer als Halter einsetzen bzw. das Auto Haftpflicht, Teilkasko und Vollkasko versichern.

32. Was beinhaltet der Schutzbrief?

Herr Müller informiert sich, was alles de Kfz-Schutzbrief der begleitenden Versicherung beinhaltet.

Der Schutzbrief garantiert Unterstützung bei Panne und Unfall.

33. Wie nutze ich sinnvoll Vergleichsportale und Apps?

Müller hat den Tipp erhalten, sich mal auf Vergleichsportelen ein Angebot einzuholen.

Hierzu zitiere ich gerne den Vorstand der Zürich Insurance AG, Herrn Nagel: „Online recherchieren und beim Vermittler abschließen".

33. Wie lange ist mein Schadenfreiheitsrabatt (SfFR) gültig?

Herr Müller hat seit Jahren kein eigenes Auto mehr und fragt sich, ob sein damaliger SFR noch gültig ist.

Der SFR ist bis zu sieben Jahren gültig, aber bei vielen anderen Versicherungen solange er in der Datenbank auffindbar ist.

34. An wen kann ich meinen SFR übertragen?

Herr Schulze fährt nicht mehr Auto und fragt sich, ob er seine schadensfreien Jahre seiner Frau übertragen kann.

Das ist von Versicherung zu Versicherung unterschiedlich. Im Regelfall kann eine Übertragung an Lebenspartner und Eheleute untereinander erfolgen, ggf. auch Eltern gegenüber ihren Kindern, und Großeltern gegenüber den Enkelkindern, aber das sollte man mit seiner Versicherung anhand der vorliegenden AKB klären.

Kapitel III:

Insassenunfall- und Fahrerschutzversicherung

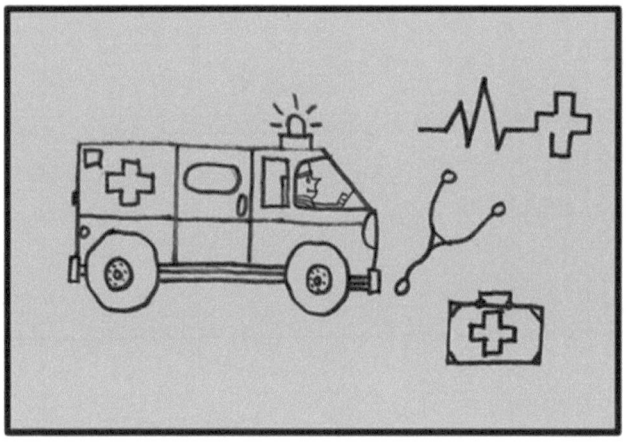

35. Bin ich als Fahrer bei einem Unfall durch meine Unfallversicherung abgesichert?

Herr Müller möchte wissen, ob er im Fall eines selbstverschuldeten Unfalls seine Unfallversicherung heranziehen kann.

Grundsätzlich ja, da es sich ja um einen Unfall handelt. Aber das hängt vom Alter ab, denn die meisten Unfallversicherungen enden mit dem 67. Lebensjahr. Hier ist eine gesonderte Absicherung über die Insassenunfallversicherung nötig.

36. Ist für mich eine Insassenunfallversicherung sinnvoll?

Herr Loshaj meint, dass er keine Insassenunfallversicherung braucht, er holt höchstens mal die Kinder vom Fußball ab.

Genau da, wo man nichts weiß über die Absicherung des Einzelnen, zum Beispiel die Enkelkinder, ist eine Insassenunfallversicherung sinnvoll.

37. Wann ist die Insassenunfallversicherung für mich unnötig?

Frau Wackert fährt nur allein oder mit ihrer Familie, die alle unfallversichert sind.

Wenn alle im Auto zu befördernden Personen schon über eine Unfallversicherung verfügen, ist eine weiter Absicherung nicht notwendig.

Gegebenenfalls reicht es, wenn alle berechtigten Fahrer über eine Unfallversicherung verfügen. Beim selbstverschuldeten Unfall ist der Fahrer nicht über die Kfz-Haftpflicht versichert, aber alle anderen beförderten Personen.

38. Wann ist eine Fahrerschutzversicherung sinnvoll?

Herr Sentürk ist Pizzabäcker und möchte seine Pizzaboten (alle berechtigte Fahrer) absichern.

Da der Bote meist allein unterwegs ist, ist eine Fahrerunfallversicherung sinnvoll, um ihn gegen alle Unfallarten abzusichern.

Kapitel IV

Steuern und Verordnungen

39. Welche Bereiche der Kfz-Versicherung sind für mich bei der Steuererklärung von Belang?

Herr Seifert fragt nach einer Finanzamtsbescheinigung, damit er die Kfz-Versicherung absetzten kann.

Dabei sollte man darauf achten, dass man nur den der Haftplicht Kfz-Versicherung absetzten kann, alle anderen Bereiche wie TK/VK oder Schutzbrief und alle Leistungsextras wie Rabattschutz sind auszuklammern.

40. Wie verhalte ich mich, wenn mal keine Finanzamtsbescheinigung der Versicherung vorliegt?

Herr Looden sitzt beim Steuerberater und hat keine Finanzamtsbescheinigung dabei.

Alternativ sollte man dann immer alle Kontoauszüge bzw. den Versicherungsschein der Gesellschaft zur Hand haben, um die Daten nochmal zu kontrollieren.

41.   Welche Belege braucht das Finanzamt?

Herr Koroll wurde von seinem Steuerberater angehalten, Belege der KFZ-Versicherung bzw. die Beitragsrechnung mit der Aufschlüsselung der Beiträge einzureichen.

Man benötigt lediglich den Kontoauszug, der die überwiesenen Beträge aufweist, bzw. die Versicherungsrechnung.

42.   Welche Strecken kann ich von der Steuer absetzen?

Herr Griessmann fragt sich, ob er alle gefahrenen Strecken er beim Finanzamt geltend machen kann.

Man kann nur den Weg zur Arbeit bzw. zur Weiterbildung geltend machen. (Kilometerpauschale).

Kapitel V

Auslandsversicherung und Mallorca-Police

43. Warum brauche ich eine Grüne Versicherungskarte in der EU?

Herr Schulze fragt sich, weshalb er eine Grüne Versicherungskarte in der EU benötigt, es herrscht doch die Freizügigkeit in der EU.

Wie in Deutschland hat auch in Spanien oder Italien die Polizei die Möglichkeit, Kontrollen durchzuführen.

Neben dem Personalausweis und dem Führerschein ist der Nachweis der Haftpflichtversicherung mit sich zuführen, obwohl es über das Kennzeichen mit der EU-Plakette geklärt sein sollte, kommt es vereinzelt immer wieder zu Bußgeldbescheiden.

44. Wo sind die Einsatzgebiete der Grünen Karte?

Herr Yüksel will Urlaub in der Türkei machen und mit seinem Fahrzeug auch in den asiatischen Teil der Türkei reisen.

Gegenwärtig gehören dem System 46 Länder an, einschließlich vier außereuropäischer Länder, aber man sollte immer vor Reiseantritt mit seiner Versicherung Hoheitsgebiete abklären. Nicht alle Versicherungen schließen den asiatischen Teil der Türkei oder auch zum Beispiel Marokko mit ein.

45. Wie melde ich mein Auto im Ausland ab?

Herr Schulze hat nach dem Urlaub beschlossen, in der Türkei zu bleiben, und fragt sich jetzt, wie er sein Auto abmelden kann, ohne das Auto nach Deutschland zur Abmeldung zu überführen.

Hier wendet man sich, um Hilfe zu bekommen, an die Deutsche Botschaft im Ausland.

46. Was mache ich bei einem Totalschaden im Ausland?

Herr Müller kann nach einem Unfall seine Wagen nicht mehr nach Deutschland überführen.

Nacht dem erstellten Gutachten, das den Totalschaden beschädigt, kann man den Wagen vor Ort verschrotten und mit der ausgestellte Verschottungsbestätigung den Wagen in Deutschland bei der zugehörigen Zulassungsstelle abmelden.

47. Wie gehe ich mit Strafzetteln im Ausland um?

Herr Rühl wurde in der Schweiz wegen zu hoher Geschwindigkeit beim Fahren angehalten.

Das Bußgeld ist sofort in bar zu zahlen. Die Polizei begleitet Hr. Rühl ggf. zum nächsten Geldautomaten.

48. Brauche ich einen Verkehrsrechtschutz im Ausland?

Herr Nebel fragt sich, was ihm beim Unfall im Ausland alles passieren kann.

Beim Unfall im Ausland ist zu beachten, dass man bei einem Wohnsitz im Ausland in verschiedenen Ländern, wie z.B. in der Türkei, jemanden in Haft nehmen kann, um eine Fluchtgefahr zu verhindern und im Nachgang eine Kaution veranschlagt wird. In solchen Fällen hilft eine Rechtschutzversicherung, die stellt einen Korrespondenzanwalt bzw. ein Darlehen bis zu 100.000 Euro, wenn es um die Kaution geht.

Kapitel VI

Schaden und Leistung

49. Was ist eigentlich ein Unfall bzw. was habe ich darunter zu verstehen?

Herr Müller fragt sich, was ist eigentlich ein Unfall ist.

Es wird öfters der Begriff Pauke (Plötzlich, von außen, mit unmittelbarer Krafteinwirkung) gebraucht.

50. Wie habe ich mich im Schadensfall zu verhalten?

Herr Dietmar hatte einen Unfall und fragt sich, was er nun machen muss.

Im Schadensfall sollte man zunächst seinen Versicherungsschutz überprüfen. Handelt es sich um einen KH oder VK /TK Schaden? Im KH-Schadenfall hat der Versicherungsnehmer immer eine Melde- und Aufklärungspflicht.

51. Was habe ich zu tun, wenn ich nur das Kennzeichen des Unfallgegners habe?

Frau Dieter ruft vollkommen aufgelöst an. Sie hatte einen Unfall und der Unfallgegner war nicht bereit die Personalien auszutauschen und fuhr davon mit den Worten, dass er sich keiner Schuld bewusst sei, obwohl er ihr aufgefahren ist.

Zum einem sollte man die Polizei benachrichtigen und den Unfall anzeigen. Des Weiteren ist es sinnvoll, Beweise zu sichern bzw. Fotos zu machen. Über das Kennzeichen des Unfallgegners hat man jederzeit die Möglichkeit, über den Zentralruf die Versicherung des Unfallgegners ausfindig zu machen und dort seinen Schaden zu melden.

52.   Wie habe ich mich als Versicherungsnehmer im Schadenfall zu verhalten?

Herr Müller möchte wissen, wie er sich nach einen Unfall gegenüber seiner Versicherung zu verhalten hat.

Aus jedem Versicherungsvertrag ergeben sich Rechte und Pflichten. Es ist die Pflicht des Versicherungsnehmers, sich bei der Versicherung zu melden und bei der Aufklärung zu helfen.

53.   Muss ich mich auch bei meiner Versicherung melden, wenn ich offensichtlich unschuldig am Unfall bin?

Herr Müller versteht nicht, warum er von der Polizei angewiesen wurde, sich bei seiner Versicherung zu melden, schließlich hatte er am Unfall doch keine Schuld.

Hierbei sollte zunächst geklärt werden, wer den Unfall verursacht hat, z.B. bei einem klassischen Auffahrunfall sollte man sich bei der Versicherung des Unfallgegners melden, wenn dieser mir aufgefahren ist.

54. Was versteht man unter dem Quotenvorrecht bzw. Differenztheorie?

Herr Müller hat mitgeteilt bekommen, dass er, weil er ja zu 50% am Unfall schuld ist, über das Quotenrecht nur 50% seiner Kosten erstattet bekommt, und fragt sich, wie er den Rest erhalten kann.

In diesem Fall kann man über die bestehende Vollkaskoversicherung den Restbetrag erhalten.

55. Bis zur welcher Schadenssumme sollte ich einen Unfallschaden selbst bezahlen?

Herr Frank hatte einen Unfall mit geringen Sachschäden und fragt sich, ob er das die Versicherung bezahlen lassen soll oder ob er lieber selbst bezahlt.

Grundsätzlich sollte man errechnen lassen, was so eine Erhöhung der Schadenfreiheitsklasse (SF) ausmacht. Aus meiner Erfahrung ist es grundsätzlich sinnvoll, unter einer Schadenhöhe von 1000 Euro den Schaden selbst zu begleichen, wenn es möglich ist. So lässt sich eine Einstufung aufgrund des Schadens vermeiden.

Kapitel VII

Abmeldung

56. Wie melde ich mein Fahrzeug ab?

Herr Müller ruft bei der Versicherung an und teilt mit, dass er das Auto mit dem Anruf abmeldet, er denkt, damit ist alles erledigt.

Die Versicherung nimmt den Anruf zur Kenntnis, aber ausschlaggebend ist die Mitteilung der Zulassungsstelle und die ordnungsgemäße Abmeldung. Wenn diese bei der Versicherung eingeht, wird das Fahrzeug tagesgenau abgerechnet.

57. Wie kündige ich meine KFZ-Versicherung

Herr Schulze will seine Versicherung sofort kündigen.

Eine Kündigung kann per E-Mail, per Fax oder Post zugesendet werden, wichtig ist hier immer die Dokumentation per Sendebereich (FAX) oder Einschreibebeleg per Post.

58. Wer kündigt die Versicherung beim Versicherungswechsel?

Herr Schulze fragt sich, wer die Versicherung beim Versicherungswechsel kündigt. Aus der Vergangenheit kennt er es so, dass die übernehmende Versicherung die Kündigung vornimmt.

Das gilt auch heute noch.

59. Welche Unterlagen brauche ich für die Abmeldung?

Herr Schulze fragt sich, was er alles an Unterlagen zur Abmeldung des Fahrzeugs braucht.

Man benötigt den Personalausweis und alle Fahrzeugpapiere wie Fahrzeugschein ZBII und Fahrzeugbrief ZBI.

60. Was passiert mit meinen Versicherungsvertrag bei der Abmeldung?

Herr Brand fragt sich, ob er nach der Abmeldung bei der Zulassungsstelle bezüglich des Vertrages noch etwas machen müsse.

Durch die Abmeldung bei der Zulassungsstelle erfolgt eine taggenaue Abrechnung der Versicherung und man erhält für die zu viel gezahlten Beiträge eine Gutschrift oder, wenn nötig, einen Nachtrag für offene Forderungen.

61. Sollte ich mein Auto vor dem Verkauf abmelden?

Herr Müller fragt sich, wann er sein Auto beim geplanten Autoverkauf abmelden soll.

Grundsätzlich sollte man vor dem Verkauf sein Fahrzeug abmelden, damit nach dem Verkauf keine weiteren Kosten aufkommen.

62. Aber dann kann ich gegebenenfalls mein Auto nicht verkaufen?

Herr Müller macht sich Sorgen über den Verkauf seines Fahrzeuges, das ja nun kein Kennzeichen mehr hat.

Bei den meisten Versicherungen bekommt der Käufer ein 5-Tages-Kennzeichen (Kurzzeitkennzeichen) kostenlos, wenn danach der Wagen auch bei der Versicherung zugelassen wird.

63. Was kann alles passieren, wenn ich mein Fahrzeug mit Kennzeichen verkaufe?

Herr Müller wundert sich, weshalb wieder der Versicherungsbeitrag für sein inzwischen verkauftes Fahrzeug abgebucht wurde. Ein Freund erzählt ihm außerdem, wie ihn die Polizei auf der Arbeit aufsuchte und zu seinem Fahrzeug befragte, das als Fluchtfahrzeug beim Überfall eingesetzt wurde.

Wenn der Käufer das Fahrzeug nicht ummeldet, zahlt man als bisheriger Versicherungsnehmer weiter die Beiträge und wird bei Ordnungswidrigkeiten und Verstößen vom Ordnungsamt angeschrieben.

64. Wie kann ich gegebenenfalls mein schon verkauftes Auto abmelden?

Herr Müller fragt sich, wie er sein verkauftes Fahrzeug abmelden kann.

Man leitet eine Zwangsstilllegung mit dem Kaufvertrag ein. Wichtig ist, dass im Kaufvertrag ein Passus der Abmeldung von 3 Werktagen vermerkt wird.

Dann wenden sie sich an ihre Versicherung und senden den Kaufvertrag und ein Anschreiben mit dem Vermerk der sofortigen Zwangsstilllegung.

65. Mir fehlen noch Daten, muss das Fahrzeug sonst abgemeldet werden?

Herr Schulz hat vor zwei Wochen per Internet seine Versicherung abgeschlossen und dabei eine EVB-Nummer zur Anmeldung erhalten. Jetzt erhält er Post von der Versicherung, dass noch Daten fehlen. Er ist sich keiner Schuld bewusst und findet es dreist, so an-geschrieben zu werden.

Um eine EVB-Nummer zu erhalten, müssen nicht alle Daten erfasst werden. Um aber einen Antrag abzu-schließen müssen alle relevanten Daten von der Ver-sicherung erhoben werden. Meist fehlen Daten wie Km-Stand, die Versicherungsscheinnummer der Vor-versicherung bzw. das amtliches Kennzeichen usw.

Kapitel VIII:

Tipps zur Auswahl der Versicherung

66. Nach welchen Kriterien wähle ich meine Versicherung aus?

Herr Schulz blickt bei der Vielzahl an Versicherungen nicht mehr durch, welche für ihn geeignet ist.

Grundsätzlich sollte man sich vor der Wahl einer Versicherung folgende Fragen stellen:

- Wie ist die Erreichbarkeit, wie sind die Öffnungszeiten? Wie lange ist die Versicherung telefonisch erreichbar für Vertragsfragen?
Optimal ist von 7-23 Uhr.

- Wie ist das Filialnetz der Versicherung ausgebaut?
Optimal ist eine Filiale in der Nähe.

- Wie liegt die Erreichbarkeit im Schadenservice?
Optimal sind 24 h.

- Wie ist die Schadensmeldung möglich?
Viele Versicherer bieten telefonische und Onlinemeldungen an.

67. Was sollte ich im Umgang mit einem Versicherungsmakler beachten?

Herr Schulz ist skeptisch, ob die gegebenen Versprechen des Versicherungsmaklers zu Beitragshöhe und Schadensregulierung eingehalten werden.

Grundsätzlich sollte man folgende Dinge berücksichtigen:

- Wie ist der Name des Maklers?
Vor und Nachnamen notieren.

- Wann habe ich mit dem Makler telefoniert?
Uhrzeit und Ort notieren.

- Den Makler bitten, das Ergebnis zusammenzufassen.
Damit kann ich in Ruhe prüfen, ob das Angebot auch meinen Forderungen entspricht.

- Das Angebot sich immer per E-Mail zusenden lassen, um schneller auf Fehler reagieren zu können.

68. Kann ich die Versicherung direkt beim Kauf im Autohaus abschließen?

Herr Schulz hätte gern alles ohne viel Aufwand aus einer Hand und fragt sich, wie der das am besten realisieren kann.

- Grundsätzlich arbeiten die meisten Autohäuser mit einem Versicherungsdienst zusammen, bei dem man ein adäquates Angebot erhält.

- Aber auch hier gilt: „Vertrauen ist gut, aber Vergleichen ist besser!"

69.   Wie nutze ich Vergleichsportale im Internet?

Herr Schulz sieht ständig im Fernsehen die Werbung diverser Vergleichsportale.

Grundsätzlich sollte man folgende Dinge berücksichtigen:

- Verschiedene Angebote von mehreren, gängigen Portalen einholen.

- Die Angebote immer in Schriftform, z.B. per E-Mail zusenden lassen.

70.   Finde ich auch Apps, die mich bei der Versicherungsauswahl unterstützen?

Herr Schulz ist gewohnt, alles über Apps auf dem Smartphone zu erledigen und fragt sich, ob das nicht auch bei der Versicherungswahl funktioniert.

Grundsätzlich sollte man folgende Dinge berücksichtigen:

- Grundsätzlich bieten zwar alle Versicherungen entsprechende Apps an, aber hier erhält man nur die Angebote der speziellen Versicherung.

- Alternativ bietet der Onlinemakler die Möglichkeit, alle Versicherungen in einer App unterzubringen, jährlich zu vergleichen und zu optimieren.

Nachwort

Wir freuen uns, dass Sie die Geduld aufgebracht haben, das Buch zu Ende zu lesen, obwohl der Versicherungssprachgebrauch für Laien sehr schwer verständlich ist. Bei der einen oder andren Frage findet man sich eventuell wieder und fragt sich, warum habe ich nicht genau das hinterfragt oder warum hat man mich nicht besser informiert, dann hätte ich das eine oder andere ganz anders entschieden.

Dieses Buch kann keinen Wert auf Vollständigkeit legen. Es soll unterstützen und helfen, die wichtigsten Versicherungsmerkmale besser zu verstehen. Wenn ihr noch Fragen habt, die sich nicht aus dem Buch ergeben, bin ich jederzeit bereit, mich den Fragen bzw. Anmerkungen zu stellen unter

Mark.Maduwuihe@web.de

Abkürzungsverzeichnis

AKB	Allgemeine Bedingungen für die Kraftfahrt-versicherung
AuslPFVG	Ausländer-Pflichtversicherungsgesetzt
BAK	Beitragsanpassungsklausel
BGB	Bürgerliches Gesetzbuch
GDV	Gesamtverband der Deutschen Versicherungswirtschaft e.V.
IVK	Internationale Versicherungskarte
KFz PflVV	Kfz –Pflichtversicherungsverordnung
KH	Kfz- Haftpflichtversicherung
PFLVG	Pflichtversicherungsgesetz
QV	Quotenvorrecht
SB	Selbstbeteiligung
SFR	Schadensfreiheitsrabatt
SF-Klasse	Schadenfreiheitsklasse
StVG	Straßenvehrkehrsgesetz
StVZO	Straßenverkehrs-Zulassungs-Ordnung
SV	Sachverständiger

TK	Teilkasko
VAG	Versicherungsaufsichtsgesetz
VK	Vollkasko
VVG	Versicherungsvertragsgesetz
WKZ	Wagniskennziffer
ZBI	Zulassungsbescheinigung Teil I (früher: Fahrzeugschein)
ZBII	Zulassungsbescheinigung Teil I (früher: Fahrzeugbrief)
ZFZR	Zentrales Fahrzeugregister

Notizen: